EMG3-0122　J-POP
合唱楽譜＜J-POP＞　CHORUS PIECE

合唱で歌いたい！J-POPコーラスピース

混声3部合唱

GIFT

作詞・作曲：桜井和寿　合唱編曲：上西真理

●●● 曲目解説 ●●●

　2008年7月30日にリリースされたMr.Childrenの通算32枚目となるシングル曲で、北京五輪のNHK放送テーマソングです。「一生懸命に生きている人の中には、どんなメダルにも負けない輝きが一人一人にある」という想いを込めた作品。競技ではその一瞬に全てをかけるものであるが、そこまでの道のりは地道に一歩一歩進んできたに違いない。それを感じさせるような渾身のミディアム・バラードです。出場選手だけでなく多くの人に贈る応援歌という思いが込められています。一番大事なのは努力、そう気づかせてくれる名曲です。

●●● 演奏のポイント ●●●

♪音がぶつかる箇所が多いので、他のパートにつられないように注意しましょう。
♪アルト・男声パートに低い音が出てきますが、力を抜いてよく響かせるように歌いましょう。
♪特に下の音に跳躍するときは音程が取りにくいので、しっかりと音をイメージしましょう。

【この楽譜は、旧商品『GIFT（混声3部合唱）』（品番：EME-C0017）とアレンジ内容に変更はありません。】

GIFT

作詞・作曲：桜井和寿　合唱編曲：上西真理

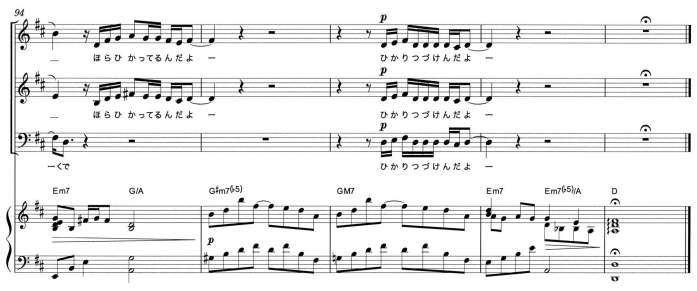

MEMO

GIFT

作詞：桜井和寿

一番きれいな色ってなんだろう？
一番ひかってるものってなんだろう？
僕は探していた　最高のGIFTを
君が喜んだ姿をイメージしながら

「本当の自分」を見つけたいって言うけど
「生まれた意味」を知りたいって言うけど
僕の両手がそれを渡す時
ふと謎が解けるといいな　受け取ってくれるかな

長い間　君に渡したくて
強く握り締めていたから
もうグジャグジャになって　色は変わり果て
お世辞にもきれいとは言えないけど

「白か黒で答えろ」という
難題を突きつけられ
ぶち当たった壁の前で
僕らはまた迷っている　迷ってるけど
白と黒のその間に
無限の色が広がってる
君に似合う色探して　やさしい名前をつけたなら
ほら　一番きれいな色
今　君に贈るよ

地平線の先に辿り着いても
新しい地平線が広がるだけ
「もうやめにしようか？」自分の胸に聞くと
「まだ歩き続けたい」と返事が聞こえたよ

知らぬ間に増えていった荷物も
まだなんとか背負っていけるから
君の分まで持つよ　だからそばにいてよ
それだけで心は軽くなる

果てしない旅路の果てに
「選ばれる者」とは誰？
たとえ僕じゃなくたって
それでもまた走っていく　走っていくよ
降り注ぐ日差しがあって
だからこそ日陰もあって
そのすべてが意味を持って
互いを讃えているのなら
もうどんな場所にいても
光を感じれるよ

今　君に贈るよ　気に入るかなぁ？　受け取ってよ
君とだから探せたよ　僕の方こそありがとう

一番きれいな色ってなんだろう？
一番ひかってるものってなんだろう？
僕は抱きしめる　君がくれたGIFTを
いつまでも胸の奥で
ほら　ひかってるんだよ
ひかり続けんだよ

エレヴァートミュージックエンターテイメントはウィンズスコアが
展開する「合唱楽譜・器楽系楽譜」を中心とした専門レーベルです。

ご注文について

エレヴァートミュージックエンターテイメントの商品は全国の楽器店、ならびに書店にてお求めになれますが、店頭でのご購入が困難な場合、下記PC&モバイルサイト・FAX・電話からのご注文で、直接ご購入が可能です。

◎PCサイト&モバイルサイトでのご注文方法
http://elevato-music.com
上記のアドレスへアクセスし、WEBショップにてご注文ください。

◎FAXでのご注文方法
FAX.03-6809-0594
24時間、ご注文を承ります。上記PCサイトよりFAXご注文用紙をダウンロードし、印刷、ご記入の上ご送信ください。

◎お電話でのご注文方法
TEL.0120-713-771
営業時間内に電話いただければ、電話にてご注文を承ります。

※この出版物の全部または一部を権利者に無断で複製（コピー）することは、著作権の侵害にあたり、
　著作権法により罰せられます。

※造本には十分注意しておりますが、万一、落丁・乱丁などの不良品がありましたらお取り替えいたします。
　また、ご意見・ご感想もホームページより受け付けておりますので、お気軽にお問い合わせください。